Impressum
Verlag: BABADADA GmbH, Nedderfeld 112 , 22529 Hamburg
Geschäftsführer / Verlagsleitung: Harald Hof
Druck: Books on Demand GmbH, In de Tarpen 42, 22848 Norderstedt

Imprint
Publisher: BABADADA GmbH, Nedderfeld 112 , 22529 Hamburg, Germany
Managing Director / Publishing direction: Harald Hof
Print: Books on Demand GmbH, In de Tarpen 42, 22848 Norderstedt

la salle de classe
classroom

diviser
divide

186/2

le tableau noir
board

la cour (de récréation)
school yard

le professeur
teacher

le papier
paper

écrire
write

le stylo
pen

le bureau
desk

la règle
ruler

le livre
book

l'élève
pupil

le cartable

satchel

la trousse

pencil case

le crayon

pencil

le taille-crayon

pencil sharpener

la gomme

rubber

le carnet à dessin

drawing pad

le dessin

drawing

le pinceau

paintbrush

la boîte de peinture

paint box

les ciseaux

scissors

la colle

glue

le cahier d'exercices

exercise book

les devoirs

homework

le chiffre

number

additionner

add

soustraire

subtract

multiplier

multiply

calculer

calculate

la lettre

letter

l'alphabet

alphabet

le mot

word

le texte

text

lire

read

la craie

chalk

la leçon

lesson

le livre de classe

register

l'examen

exam

le certificat

certificate

l'uniforme scolaire

school uniform

la formation

education

le lexique

encyclopedia

l'université

university

le microscope

microscope

la carte

map

la corbeille à papier

waste-paper basket

l'hôtel
hotel

Grand

l'auberge
hostel

ROOMS

le bureau de change
bureau de change

EXCHANGE

la valise
suitcase

la voiture
car

la langue

language

oui / non

yes / no

d'accord

Okay

Salut

hello

l'interprète

translator

merci

Thank you

Combien coûte...?

how much is...?

Je ne comprends pas

I do not understand

le problème

problem

Bonsoir !

Good evening!

Bonjour !

Good morning!

Bonne nuit !

Good night!

Au revoir

bye bye

la direction

direction

les bagages

luggage

le sac

bag

le sac-à-dos

backpack

l'hôte

guest

la pièce

room

le sac de couchage

sleeping bag

la tente

tent

le voyage - travel

l'office de tourisme

tourist information

la plage

beach

la carte de crédit

credit card

le petit-déjeuner

breakfast

le déjeuner

lunch

le dîner

dinner

le billet

ticket

l'ascenseur

lift

le timbre

stamp

la frontière

border

la douane

customs

l'ambassade

embassy

le visa

visa

le passeport

passport

le transport
transport

l'avion
aeroplane

le navire
ship

le véhicule de pompiers
fire engine

le bus
bus

le camion
truck

le bateau à moteur
motorboat

la bicyclette
bike

la voiture
car

le ferry

ferry

la barque

boat

la moto

motorbike

la voiture de police

police car

la voiture de course

racing car

la voiture de location

rental car

l'auto-partage

car sharing

la voiture de remorquage

breakdown truck

la benne à ordures

refuse truck

le moteur

motor

l'essence

fuel

la station d'essence

petrol station

le panneau indicateur

traffic sign

le trafic

traffic

l'embouteillage

traffic jam

le parking

car park

la gare

train station

les rails

tracks

le train

train

le tramway

tram

le wagon

carriage

l'hélicoptère

helicopter

l'aéroport

airport

la tour

tower

le passager

passenger

le conteneur

container

le carton

carton

le chariot

cart

la corbeille

basket

décoller / atterrir

take off / land

la ville

city

le village

village

le centre-ville

city centre

la maison

house

le cinéma
cinema

la publicité
advert

le réverbère
street lamp

CINEMA

la rue
street

le taxi
taxi

le piéton
pedestrian

le kiosque
snack shop

le trottoir
pavement

le passage piéton
zebra crossing

la poubelle
bin

le carrefour
crossing

les feux de circulation
traffic lights

la cabane
hut

l'appartement
flat

la gare
train station

la mairie
town hall

le musée
museum

l'école
school

l'université

university

la banque

bank

l'hôpital

hospital

l'hôtel

hotel

la pharmacie

pharmacy

le bureau

office

la librairie

book shop

le magasin

shop

le fleuriste

florist's

le supermarché

supermarket

le marché

market

le grand magasin

department store

la poissonnerie

fishmonger's

le centre commercial

shopping centre

le port

harbour

la ville - city

le parc

park

la banque

bench

le pont

bridge

les escaliers

stairs

le métro

underground

le tunnel

tunnel

l'arrêt de bus

bus stop

le bar

bar

le restaurant

restaurant

la boîte à lettres

postbox

le panneau indicateur

street sign

le parcmètre

parking meter

le zoo

zoo

le réverbère

swimming pool

la mosquée

mosque

la ferme
farm

la pollution
pollution

la cimetière
graveyard

l'église
church

l'aire de jeux
playground

le temple
temple

le paysage

landscape

la feuille
leaf

le panneau indicateur
signpost

le chemin
way

le pré
meadow

la pierre
stone

l'arbre
tree

le randonneur
hiker

la rivière
river

l'herbe
grass

la fleur
flower

la vallée
....
valley

la montagne
....
hill

le lac
....
lake

la forêt
....
forest

le désert
....
desert

le volcan
....
volcano

le château
....
castle

l'arc-en-ciel
....
rainbow

le champignon
....
mushroom

le palmier
....
palm tree

le moustique
....
mosquito

la mouche
....
fly

les fourmis
....
ant

l'abeille
....
bee

l'araignée
....
spider

le coléoptère

beetle

la grenouille

frog

l'écureuil

squirrel

le hérisson

hedgehog

le lièvre

hare

la chouette

owl

l'oiseau

bird

le cygne

swan

le sanglier

boar

le cerf

deer

l'élan

moose

le barrage

dam

l'éolienne

wind turbine

le panneau solaire

solar panel

le climat

climate

le serveur
waiter

le menu
menu

la chaise
chair

la soupe
soup

la pizza
pizza

les couverts
cutlery

la nappe
tablecloth

les hors d'œuvre

starter

le plat principal

main course

le dessert

dessert

les boissons

drinks

l'alimentation

food

la bouteille

bottle

le fast-food

fast food

les plats à emporter

street food

la théière

teapot

le sucrier

sugar bowl

la portion

portion

la machine à expresso

espresso machine

la chaise haute

high chair

la facture

bill

le plateau

tray

le couteau

knife

la fourchette

fork

la cuillère

spoon

la cuillère à thé

teaspoon

la serviette

serviette

le verre

glass

l'assiette

plate

l'assiette à soupe

soup plate

la soucoupe

saucer

la sauce

sauce

la salière

salt pot

le moulin à poivre

pepper mill

le vinaigre

vinegar

l'huile

oil

les épices

spices

le ketchup

ketchup

la moutarde

mustard

la mayonnaise

mayonnaise

l'offre promotionnelle
special offer

le client
customer

les produits laitiers
dairy

les fruits
fruit

le chariot
trolley

la boucherie
butcher's

la boulangerie
baker's

peser
weigh

les légumes
vegetables

la viande
meat

les aliments surgelés
frozen food

la charcuterie

cold meat

les conserves

tinned food

la poudre à lessive

washing powder

les bonbons

sweets

les articles ménagers

household products

les détergents

cleaning products

la vendeuse

salesperson

la caisse

till

le caissier

cashier

la liste d'achats

shopping list

les heures d'ouverture

opening hours

le portefeuille

wallet

la carte de crédit

credit card

le sac

bag

le sac en plastique

plastic bag

le supermarché - supermarket

l'eau

water

le jus de fruit

juice

le lait

milk

le coca

coke

le vin

wine

la bière

beer

l'alcool

alcohol

le chocolat chaud

cocoa

le thé

tea

le café

coffee

l'expresso

espresso

le cappuccino

cappuccino

la banane

banana

la pomme

apple

l'orange

orange

le melon

melon

le citron.

lemon

la carotte

carrot

l'ail

garlic

le bambou

bamboo

l'oignon

onion

le champignon

mushroom

les noisettes

nuts

les pâtes

noodles

les spaghetti

spaghetti

le riz

rice

la salade

salad

les pommes frites

chips

les pommes de terre rôties

fried potatoes

la pizza

pizza

le hamburger

hamburger

le sandwich

sandwich

l'escalope

cutlet

le jambon

ham

le salami

salami

le saucisse

sausage

le poulet

chicken

le rôti

roast

le poisson

fish

les flocons d'avoine

porridge oats

le muesli

muesli

les cornflakes

cornflakes

la farine

flour

le croissant

croissant

les petits-pains

bread roll

le pain

bread

le pain grillé

toast

les biscuits

biscuits

le beurre

butter

le fromage blanc

curd

le gâteau

cake

l'œuf

egg

l'œuf au plat

fried egg

le fromage

cheese

la glace

ice cream

le sucre

sugar

le miel

honey

la confiture

jam

la crème nougat

chocolate spread

le curry

curry

la ferme
farmhouse

la botte de paille
straw bale

la grange
barn

le champ
field

le cheval
horse

la remorque
trailer

le poulain
foal

le tracteur
tractor

l'âne
donkey

l'agneau
lamb

le mouton
sheep

la chèvre

goat

la vache

cow

le veau

calf

le porc

pig

le porcelet

piglet

le taureau

bull

l'oie

goose

le canard

duck

le poussin

chick

la poule

hen

le coq

cock

le rat

rat

le chat

cat

la souris

mouse

le bœuf

ox

le chien

dog

le chenil

doghouse

le tuyau de jardin

garden hose

l'arrosoir

watering can

la faucheuse

scythe

la charrue

plough

la faucille

sickle

la pioche

hoe

la fourche

pitchfork

la hache

axe

la brouette

wheelbarrow

la cuve

trough

le pot à lait

milk can

le sac

sack

la clôture

fence

l'étable

stable

le serre

greenhouse

le sol

soil

les semences

seed

l'engrais

fertilizer

la moissonneuse-batteuse

combine harvester

la ferme - farm

récolter

harvest

la récolte

harvest

l'igname

yams

le blé

wheat

le soja

soy

la pomme de terre

potato

le maïs

corn

le colza

rapeseed

l'arbre fruitier

fruit tree

le manioc

cassava

les céréales

cereals

la cheminée
chimney

le toit
roof

la gouttière
drainpipe

la fenêtre
window

le garage
garage

la sonnette
doorbell

la porte
door

la poubelle
rubbish bin

la boîte aux lettres
letterbox

le jardin
garden

le salon
living room

la salle de bain
bathroom

la cuisine
kitchen

la chambre à coucher
bedroom

la chambre d'enfant
child's room

la salle à manger
dining room

le sol
floor

le mur
wall

le plafond
ceiling

la cave
cellar

le sauna
sauna

le balcon
balcony

la terrasse
terrace

la piscine
pool

la tondeuse à gazon
lawn mower

la housse
sheet

la couette
bedspread

le lit
bed

le balai
broom

le sceau
bucket

l'interrupteur
switch

le papier peint
wallpaper

l'image
picture

la lampe
lamp

l'étagère
shelf

l'armoire
cupboard

la cheminée
fireplace

la télé
television

la fleur
flower

le coussin
cushion

le sofa
sofa

le vase
vase

la télécommande
remote control

le tapis
carpet

le rideau
curtain

la table
table

la chaise
chair

la chaise à bascule
rocking chair

le fauteuil
armchair

le livre

book

la couverture

blanket

la décoration

decoration

le bois de chauffage

firewood

le film

film

la chaîne hi-fi

hi-fi equipment

la clé

key

le journal

newspaper

la peinture

painting

le poster

poster

la radio

radio

le bloc-notes

notepad

l'aspirateur

hoover

le cactus

cactus

la bougie

candle

le réfrigérateur
fridge

le four à micro-ondes
microwave oven

la balance de cuisine
kitchen scales

le grille-pain
toaster

le détergent
detergent

le four
oven

le compartiment congélateur
freezer

la poubelle
rubbish bin

le lave-vaisselle
dishwasher

le four

cooker

la casserole

pot

la marmite

cast-iron pot

le wok / kadai

wok / kadai

la poêle

pan

la bouilloire electrique

kettle

le cuiseur vapeur

steamer

la plaque de cuisson

baking tray

la vaisselle

crockery

le gobelet

mug

la coupe

bowl

les baguettes

chopsticks

la louche

ladle

la spatule

spatula

le fouet

whisk

la passoire

strainer

le tamis

sieve

la râpe

grater

le mortier

mortar

le barbecue

barbecue

la cheminée

open fire

la planche à découper

chopping board

le rouleau à pâtisserie

rolling pin

le tire-bouchon

corkscrew

la boîte

can

l'ouvre-boîte

can opener

les maniques

pot holder

le lavabo

sink

la brosse

brush

l'éponge

sponge

le mixeur

blender

le congélateur

deep freezer

le biberon

baby bottle

le robinet

tap

le chauffage
heating

la douche
shower

la serviette
towel

le rideau de douche
shower curtain

le bain moussant
bubble bath

la baignoire
bathtub

le verre
glass

la machine à laver
washing machine

le robinet
tap

le carrelage
tiles

le pot
potty

le lavabo
sink

les toilettes
toilet

la toilette à la turque
squat toilet

le bidet
bidet

l'urinoir
urinal

le papier toilette
toilet paper

la brosse à toilette
toilet brush

la brosse à dents

toothbrush

le dentifrice

toothpaste

le fil dentaire

dental floss

laver

wash

la douche manuelle

handheld shower

la douche intime

douche

la vasque

basin

la brosse dorsale

back brush

le savon

soap

le gel douche

shower gel

le shampooing

shampoo

le gant de toilette

flannel

l'écoulement

drain

la crème

cream

le déodorant

deodorant

le miroir

mirror

le miroir cosmétique

hand mirror

le rasoir

razor

la mousse à raser

shaving foam

l'après-rasage

aftershave

la peigne

comb

la brosse

brush

le sèche-cheveux

hair dryer

la laque pour cheveux

hairspray

le fond de teint

makeup

le rouge à lèvres

lipstick

le vernis à ongles

nail varnish

l'ouate

cotton wool

le coupe-ongles

nail scissors

le parfum

perfume

la trousse de toilette

washbag

le tabouret

stool

le pèse-personne

weighing scale

le peignoir

bathrobe

les gants de nettoyage

rubber gloves

le tampon

tampon

les serviettes hygiéniques

sanitary towel

la toilette chimique

chemical toilet

le réveil
alarm clock

le doudou
cuddly toy

la voiture jouet
toy car

le hochet
rattle

la maison de poupée
doll's house

le cadeau
present

le ballon

balloon

le lit

bed

la poussette

pram

le jeu de cartes

deck of cards

le puzzle

jigsaw

la bande dessinée

comic

les pièces lego

lego bricks

les blocs de construction

building blocks

la figurine

action figure

la grenouillère

babygrow

le frisbee

frisbee

le mobile

mobile

le jeu de société

board game

le dé

dice

le train miniature

model train set

la sucette

dummy

la fête

party

le livre d'images

picture book

la balle

ball

la poupée

doll

jouer

play

le bac à sable
sandpit

la balançoire
swing

les jouets
toys

la console de jeu
video game console

le tricycle
tricycle

l'ours en peluche
teddy bear

l'armoire
wardrobe

les vêtements
clothing

les chaussettes
socks

les bas
stockings

le collant
tights

l'écharpe
scarf

le parapluie
umbrella

le t-shirt
t-shirt

la ceinture
belt

les bottes
boots

les pantoufles
slippers

les baskets
trainers

les sandales
sandals

les chaussures
shoes

les bottes de caoutchouc
rubber boots

les sous-vêtements
underpants

le soutien-gorge
bra

le maillot de corps
vest

le body

body

le pantalon

trousers

le jean

jeans

la jupe

skirt

le chemisier

blouse

la chemise

shirt

le pull

pullover

le sweat à capuche

hoodie

la veste

blazer

la veste

jacket

le manteau

coat

l'imperméable

raincoat

le costume

costume

la robe

dress

la robe de mariée

wedding dress

les vêtements - clothing

le costume

suit

la chemise de nuit

nightgown

le pyjama

pyjamas

le sari

sari

le foulard

headscarf

le turban

turban

la burqa

burqa

le caftan

kaftan

l'abaya

abaya

le maillot de bain

swimsuit

le maillot de bain

trunks

le short

shorts

la tenue d'entraînement

tracksuit

le tablier

apron

les gants

gloves

le bouton

button

les lunettes

glasses

le bracelet

bracelet

le collier

necklace

la bague

ring

la boucle d'oreille

earring

le bonnet

cap

le cintre

coat hanger

le chapeau

hat

la cravate

tie

la fermeture éclair

zip

le casque

helmet

les bretelles

braces

l'uniforme scolaire

school uniform

l'uniforme

uniform

le bavoir

bib

la sucette

dummy

la lange

nappy

le bureau
office

l'armoire d'archivage
filing cabinet

le serveur
server

l'imprimante
printer

l'écran
monitor

le papier
paper

le bureau
desk

la souris
mouse

le classeur
folder

le clavier
keyboard

la corbeille à papier
waste-paper basket

l'ordinateur
computer

la chaise
chair

la tasse de café

coffee mug

la calculatrice

calculator

l'internet

internet

l'ordinateur portable

laptop

la lettre

letter

le message

message

le portable

mobile

le réseau

network

la photocopieuse

photocopier

le logiciel

software

le téléphone

telephone

la prise

plug socket

le fax

fax machine

le formulaire

form

le document

document

acheter

buy

payer

pay

faire du commerce

trade

la monnaie

money

le dollar

dollar

l'euro

euro

le yen

yen

le rouble

rouble

le franc suisse

Swiss franc

le renminbi yuan

renminbi yuan

la roupie

rupee

le distributeur automatique

cashpoint

le bureau de change

bureau de change

l'or

gold

l'argent

silver

le pétrole

oil

l'énergie

energy

le prix

price

le contrat

contract

la taxe

tax

l'action

stock

travailler

work

l'employé

employee

l'employeur

employer

l'usine

factory

le magasin

shop

l'agent de police
police officer

le pompier
fireman

le cuisinier
cook

le médecin
doctor

le pilote
pilot

le jardinier

gardener

le menuisier

carpenter

la couturière

seamstress

le juge

judge

le chimiste

chemist

l'acteur

actor

le conducteur de bus

bus driver

le chauffeur de taxi

taxi driver

le pêcheur

fisherman

la femme de ménage

cleaning lady

le couvreur

roofer

le serveur

waiter

le chasseur

hunter

le peintre

painter

le boulanger

baker

l'électricien

electrician

l'ouvrier

builder

l'ingénieur

engineer

le boucher

butcher

le plombier

plumber

le facteur

postman

le soldat

soldier

l'architecte

architect

le caissier

cashier

le fleuriste

florist

le coiffeur

hairdresser

le contrôleur

conductor

le mécanicien

mechanic

le capitaine

captain

le dentiste

dentist

le scientifique

scientist

le rabbin

rabbi

l'imam

imam

le moine

monk

le prêtre

clergyman

les pinces
pliers

le marteau
hammer

le tournevis
screwdriver

la clé
spanner

la torche
torch

la pelleteuse

digger

la boîte à outils

toolbox

l'échelle

ladder

la scie

saw

les clous

nails

la perceuse

drill

réparer

repair

la pelle

shovel

Mince !

Damn!

la pelle

dustpan

le pot de peinture

paint pot

les vis

screws

les instruments de musique
musical instruments

la batterie
drum kit

le haut-parleurs
loudspeaker

la guitare
guitar

la contrebasse
double bass

la trompette
trumpet

le piano

piano

le violon

violin

la basse

bass

les timbales

timpani

le tambour

drums

le piano électrique

keyboard

le saxophone

saxophone

la flûte

flute

le microphone

microphone

le tigre
tiger

l'entrée
entrance

la cage
cage

le zèbre
zebra

l'alimentation animale
animal feed

le panda
panda

les animaux
animals

l'éléphant
elephant

le kangourou
kangaroo

le rhinocéros
rhino

le gorille
gorilla

l'ours
bear

le chameau

camel

l'autruche

ostrich

le lion

lion

le singe

monkey

le flamand rose

flamingo

le perroquet

parrot

l'ours polaire

polar bear

le pingouin

penguin

le requin

shark

le paon

peacock

le serpent

snake

le crocodile

crocodile

le gardien de zoo

zookeeper

le phoque

seal

le jaguar

jaguar

le poney

pony

le léopard

leopard

l'hippopotame

hippo

la girafe

giraffe

l'aigle

eagle

le sanglier

boar

le poisson

fish

la tortue

turtle

le morse

walrus

le renard

fox

la gazelle

gazelle

l'american Football
American football

le cyclisme
cycling

le tennis
tennis

le basket-ball
basketball

la natation
swimming

la boxe
boxing

le hockey sur glace
ice hockey

le football
football

le badminton
badminton

l'athlétisme
athletics

le handball
handball

le ski
skiing

le polo
polo

sauter
jump

rire
laugh

embrasser
hug

marcher
walk

chanter
sing

prier
pray

rêver
dream

faire la bise
kiss

écrire
write

dessiner
draw

montrer
show

pousser
push

donner
give

prendre
take

avoir

have

faire

do

être

be

être debout

stand

courir

run

trier

pull

jeter

throw

tomber

fall

être couché

lie

attendre

wait

porter

carry

être assis

sit

s'habiller

get dressed

dormir

sleep

se réveiller

wake up

regarder

look at

pleurer

cry

caresser

stroke

peigner

comb

parler

talk

comprendre

understand

demander

ask

écouter

listen

boire

drink

manger

eat

ranger

tidy up

aimer

love

cuire

cook

conduire

drive

voler

fly

faire de la voile
sail

calculer
calculate

lire
read

apprendre
learn

travailler
work

se marier
marry

coudre
sew

brosser les dents
brush teeth

tuer
kill

fumer
smoke

envoyer
send

la grand-mère
grandmother

le grand-père
grandfather

le père
father

la mère
mother

le bébé
baby

la fille
daughter

le fils
son

l'hôte

guest

la tante

aunt

l'oncle

uncle

le frère

brother

la sœur

sister

le corps
body

le front
forehead

l'œil
eye

l'épaule
shoulder

le doigt
finger

le visage
face

le menton
chin

la main
hand

la poitrine
breast

la jambe
leg

le bras
arm

le bébé

baby

l'homme

man

la femme

woman

la fille

girl

le garçon

boy

la tête

head

le dos

back

le ventre

belly

le nombril

belly button

l'orteil

toe

le talon

heel

l'os

bone

la hanche

hip

le genou

knee

le coude

elbow

le nez

nose

les fesses

bottom

la peau

skin

la joue

cheek

l'oreille

ear

la lèvre

lip

la bouche

mouth

la dent

tooth

la langue

tongue

le cerveau

brain

le cœur

heart

le muscle

muscle

les poumons

lung

le foie

liver

l'estomac

stomach

les reins

kidneys

le rapport sexuel

sex

le préservatif

condom

l'ovule

ovum

le sperme

semen

la grossesse

pregnancy

la menstruation

menstruation

le vagin

vagina

le pénis

penis

le sourcil

eyebrow

les cheveux

hair

le cou

neck

l'hôpital
hospital

l'ambulance
ambulance

le fauteuil roulant
wheelchair

la fracture
fracture

le médecin
doctor

le service des urgences
emergency room

l'infirmière
nurse

l'urgence
emergency

inconscient
unconscious

la douleur
pain

la blessure
injury

l'hémorragie
bleeding

la crise cardiaque
heart attack

l'attaque cérébrale
stroke

l'allergie
allergy

la toux
cough

la fièvre
fever

la grippe
flu

la diarrhée
diarrhoea

le mal de tête
headache

le cancer
cancer

le diabète
diabetes

le chirurgien
surgeon

le scalpel
scalpel

l'opération
operation

le CT

CT

la radiographie

x-ray

l'échographie

ultrasound

le masque

face mask

la maladie

disease

la salle d'attente

waiting room

la béquille

crutch

le pansement

plaster

le pansement

bandage

l'injection

injection

le stéthoscope

stethoscope

le brancard

stretcher

le thermomètre

clinical thermometer

l'accouchement

birth

la surcharge pondérale

overweight

l'appareil auditif

hearing aid

le désinfectant

disinfectant

l'infection

infection

le virus

virus

le VIH / le sida

HIV / AIDS

le médicament

medicine

la vaccination

vaccination

les comprimés

tablets

la pilule

pill

l'appel d'urgence

emergency call

le tensiomètre

blood pressure monitor

malade / sain

ill / healthy

Au secours !

Help!

l'alarme

alarm

l'assaut

assault

l'attaque

attack

le danger

danger

la sortie de secours

emergency exit

Au feu!

Fire!

l'extincteur

fire extinguisher

l'accident

accident

la trousse de premier
secours

first-aid kit

SOS

SOS

la police

police

l'Europe

Europe

l'Amérique du Nord

North America

l'Amérique du Sud

South America

l'Afrique

Africa

l'Asie

Asia

l'Australie

Australia

l'Océan atlantique

Atlantic

l'Océan pacifique

Pacific

l'Océan indien

Indian Ocean

l'Océan antarctique

Antarctic Ocean

l'Océan arctique

Arctic Ocean

le Pôle nord

North Pole

le Pôle sud

South Pole

l'Antarctique

Antarctica

la terre

Earth

le pays

land

la mer

sea

l'île

island

la nation

nation

l'état

state

le cadran

clock face

l'aiguille des heures

hour hand

l'aiguille des minutes

minute hand

l'aiguille des secondes

second hand

Quelle heure est-il ?

What time is it?

le jour

day

le temps

time

maintenant

now

la montre digitale

digital watch

la minute

minute

l'heure

hour

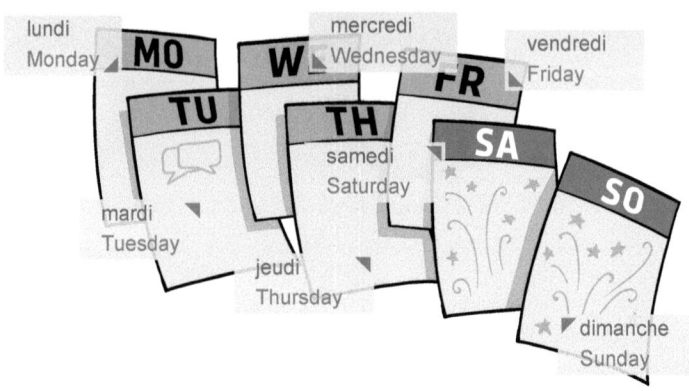

lundi
Monday

mercredi
Wednesday

vendredi
Friday

mardi
Tuesday

jeudi
Thursday

samedi
Saturday

dimanche
Sunday

hier

yesterday

aujourd'hui

today

demain

tomorrow

le matin

morning

le midi

noon

le soir

evening

MO	TU	WE	TH	FR	SA	SU
1	2	3	4	5	6	7
8	9	10	11	12	13	14
15	16	17	18	19	20	21
22	23	24	25	26	27	28
29	30	31	1	2	3	4

les jours ouvrables

business days

MO	TU	WE	TH	FR	SA	SU
1	2	3	4	5	6	7
8	9	10	11	12	13	14
15	16	17	18	19	20	21
22	23	24	25	26	27	28
29	30	31	1	2	3	4

le week-end

weekend

la pluie
rain

l'arc-en-ciel
rainbow

le vent
wind

la neige
snow

le printemps
spring

l'automne
autumn

l'été
summer

l'hiver
winter

la météo

weather forecast

le thermomètre

thermometer

la lumière du soleil

sunshine

le nuage

cloud

le brouillard

fog

l'humidité

humidity

la foudre

lightning

la tonnerre

thunder

la tempête

storm

la grêle

hail

la mousson

monsoon

l'inondation

flood

la glace

ice

janvier

January

février

February

mars

March

avril

April

mai

May

juin

June

juillet

July

août

August

l'année - year

septembre

September

octobre

October

novembre

November

décembre

December

les formes
shapes

le cercle

circle

le carré

square

le rectangle

rectangle

le triangle

triangle

la sphère

sphere

le cube

cube

colours

blanc
....
white

jaune
....
yellow

orange
....
orange

rose
....
pink

rouge
....
red

violet
....
purple

bleu
....
blue

vert
....
green

marron
....
brown

gris
....
grey

noir
....
black

beaucoup / peu

a lot / a little

fâché / calme

angry / calm

joli / laid

beautiful / ugly

le début / la fin

beginning / end

grand / petit

big / small

clair / obscure

bright / dark

frère / soeur

brother / sister

propre / sale

clean / dirty

complet / incomplet

complete / incomplete

le jour / la nuit

day / night

mort / vivant

dead / alive

large / étroit

wide / narrow

comestible / incomestible

edible / inedible

méchant / gentil

evil / kind

excité / ennuyé

excited / bored

gros / mince

fat / thin

le premier / le dernier

first / last

l'ami / l'ennemi

friend / enemy

plein / vide

full / empty

dur / souple

hard / soft

lourd / léger

heavy / light

faim / soif

hunger / thirst

malade / sain

ill / healthy

illégal / légal

illegal / legal

intelligent / stupide

intelligent / stupid

gauche / droite

left / right

proche / loin

near / far

nouveau / usé
new / used

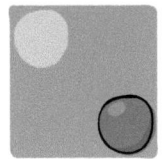

rien / quelque chose
nothing / something

vieux / jeune
old / young

marche / arrêt
on / off

ouvert / fermé
open / closed

faible / fort
quiet / loud

riche / pauvre
rich / poor

correct / incorrect
right / wrong

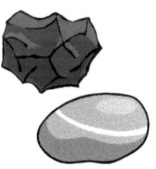

rugueux / lisse
rough / smooth

triste / heureux
sad / happy

court / long
short / long

lent / rapide
slow / fast

mouillé / sec
wet / dry

chaud / froid
warm / cool

la guerre / la paix
war / peace

les oppositions - opposites

0

zéro

zero

1

un / une

one

2

deux

two

3

trois

three

4

quatre

four

5

cinq

five

6

six

six

7

sept

seven

8

huit

eight

9

neuf

nine

10

dix

ten

11

onze

eleven

12
douze
twelve

13
trcizc
thirteen

14
quatorze
fourteen

15
quinze
fifteen

16
seize
sixteen

17
dix-sept
seventeen

18
dix-huit
eighteen

19
dix-neuf
nineteen

20
vingt
twenty

100
cent
hundred

1.000
mille
thousand

1.000.000
le million
million

les nombres - numbers

les langues
languages

l'anglais

English

l'anglais américain

American English

le chinois mandarin

Chinese Mandarin

le hindi

Hindi

l'espagnol

Spanish

le français

French

l'arabe

Arabic

le russe

Russian

le portugais

Portuguese

le bengali

Bengali

l'allemand

German

le japonais

Japanese

je

I

tu

you

il / elle / ce, c', cela

he / she / it

nous

we

vous

you

ils / elles

they

Qui ?

who?

Quoi ?

what?

Comment ?

how?

Où ?

where?

Quand ?

when?

le nom

name

derrière

behind

dans

in

devant

in front of

au-dessus

over

sur

on

en-dessous

under

à côté de

beside

entre

between

le lieu

place